Carícias do coração

CB023662

Coleção Psicologia e você
- *Amar e ser amado* – Sam Keen
- *Aprendendo a viver: caminhos para a realização plena* – José Manuel Moran
- *Caminho de cura interior: interação com o verdadeiro eu e a força espiritual* – Giuseppe Colombero
- *Carícias do coração* – Valerio Albisetti
- *Como gerenciar nossa própria vida* – Hernando Duque Yepes
- *Como prevenir e controlar o estresse: síndrome do século XXI* – Hernando Duque Yepes
- *Como ser mais amado: aprender a relacionar-se com os outros* – Peg Tompkins
- *Como vencer a timidez* – Valerio Albisetti
- *De quem sou eu? Para quem sou...* – Deolino Pedro Baldissera
- *Depressão e vida espiritual* – Jean-François Catalan
- É possível vencer o medo? – *Valerio Albisetti*
- *Encontrar-se consigo mesmo: passos para uma transformação positiva* – Joaquín Campos Herrero
- *Enfrentando o medo: uma abordagem criativa da doença e das crises* – Wolfgang Wesiack
- *Psicoterapia breve* – John Preston, Nicolette Varzos e Douglas Liebert
- *Quando o medo vira doença: como reconhecer e curar fobias* – Roberto Lorenzini e Sandra Sassaroli
- *Reencontro consigo mesmo: uma proposta de conhecimento, trabalho e liberação dos sentimentos e das emoções* – Osório Soares de Freitas
- *Um mergulho em si* – Fernanda Parolari Novello

Valerio Albisetti

Carícias do coração

Dados Internacionais de Catalogação na Publicação (CIP)
(Câmara Brasileira do Livro, SP, Brasil)

Albisetti, Valerio
  Carícias do coração / Valerio Albisetti ; tradução Euclides Martins
Balancin. — 2. ed. — São Paulo : Paulinas, 2009. — (Coleção psicologia
e você)

  Título original : Voglia di coccole
  ISBN 85-356-1238-7

  1. Afeto (Psicologia) 2. Amor 3. Carinho 4. Comportamento
humano 5. Emoções 6. Felicidade I. Título. II. Série.

09-02962   CDD-152.4

Índice para catálogo sistemático:
1. Emoções e sentimentos : Psicologia   152.4

Título original: *VOGLIA DI COCCOLE*
© Figlie di San Paolo, 2001
Via Francesco Albani, 21 – 20149 Milano (Itália)

2ª edição – 2009

Direção-geral: *Flávia Reginatto*
Editora responsável: *Noemi Dariva*
Tradução: *Euclides Martins Balancin*
Copidesque: *Cristina Paixão Lopes*
Coordenação de revisão: *Andréia Schweitzer*
Revisão: *Mônica Elaine G. S. da Costa e
Ana Cecilia Mari*
Direção de arte: *Irma Cipriani*
Gerente de produção: *Felício Calegaro Neto*
Capa: *Cristina Nogueira da Silva*
Editoração eletrônica: *Sandra Regina Santana*

*Nenhuma parte desta obra poderá ser reproduzida ou transmitida
por qualquer forma e/ou quaisquer meios (eletrônico ou mecânico,
incluindo fotocópia e gravação) ou arquivada em qualquer sistema ou
banco de dados sem permissão escrita da Editora. Direitos reservados.*

Paulinas

Rua Pedro de Toledo, 164
04039-000 – São Paulo – SP (Brasil)
Tel.: (11) 2125-3549 – Fax: (11) 2125-3548
http://www.paulinas.org.br – editora@paulinas.com.br
Telemarketing e SAC: 0800-7010081

© Pia Sociedade Filhas de São Paulo – São Paulo, 2004

*Gostaria que este livro os arrancasse do estúpido
comodismo criado por perguntas superficiais.*

*Gostaria que este livro os ajudasse a fazer perguntas certas
para uma busca verdadeira, para que vocês pudessem
realizar a verdadeira viagem da vida.*

*Gostaria de contar minhas histórias para multidões de
caçadores de sentido, de viajantes do espírito,
a fim de impregná-los de sentido e esperança.*

*Gostaria de continuar contando as histórias dos nossos
avós para nossos filhos, durante as gerações que virão.*

*Dedico este livro àqueles que, quando crianças, como eu,
jamais foram beijados, acariciados, paparicados, amados
de coração. Para que aprendam a acariciar,
a dar carinho, a amar de coração.*

Apresentação

POR QUE ESCREVO?

Todos os livros que escrevi fazem parte de uma busca real que marcou e marca a minha vida toda.

Desde sempre.

Uso minha experiência pessoal para tentar ajudar os "viajantes do espírito" no momento histórico em que meus contemporâneos vivem uma profunda crise de sentido, de significado.

Uma perda de esperança.

Escrevo para todos, mas sobretudo para aqueles que não confundem a busca espiritual com o papel do qual se revestem, que não se satisfazem em pertencer a grupos doutrinados, que acham que sabem tudo.

Presunçosos.

Escrevo para quem está sempre aberto à aprendizagem, à conversão.

Já cheguei a mais da metade da minha vida terrena, e percebo que sempre quis ir até o fundo de mim mesmo, das pessoas, das coisas.[1] E, em troca, recebi incompreensões, dores e sofrimento.

Contudo, por trás dessa tragicidade da vida humana, sempre encontrei o verdadeiro sentido da vida, que procuro contar por meio da magia da escrita e das imagens.

---

[1] Ler ALBISETTI, V. *De Freud a Deus*. São Paulo, Paulinas, 2000.

Nos últimos anos, deixei o país em que vivi durante quarenta anos e viajei muito pelo mundo afora.

Em contato com civilizações e culturas diferentes.

E isso me mostrou, de maneira cada vez mais evidente, que minha formação vai de encontro à grande tradição dos mitos, dos símbolos, das histórias, das imagens, e isso faz com que eu veja com mais facilidade a espiritualidade de cada coisa, de cada encontro.

Não vejo Deus separado dos homens.

Tudo tem um sentido.

Não existem caminhos sem saída, vidas inúteis, encontros errados, perdas de tempo, se o universo em que vivemos é ainda, depois de tudo, um universo encantado.

Misterioso. A ser contado. A ser vivido.

A busca, se de fato é real, pretende fazer compreender que Deus nos fala por meio dos fracassos, das desgraças, das violências, das alegrias, dos encontros, da sexualidade, das partes sombrias...

É uma viagem de baixo para cima.

E a linguagem pretende ser, como sempre desde que escrevo, rica em energia, forte, essencial, profética e terapêutica.

Compreensível às mulheres e aos homens desta terra.

Por isso, este livro não podia senão girar em torno da linguagem da intimidade, do corpo.

Levando em conta a alma.

Ouvindo o espírito.

1. A SOLIDÃO DO OCIDENTE

Nossa intimidade

Muitas vezes, para nós, habitantes deste nosso tempo, o contato físico significa sexo. Não sabemos mais dar as mãos, não sabemos mais estar perto um do outro, não sabemos mais nos servir de maneiras novas, mesmo que sejam antigas, para viver o amor.

Por isso, eu gostaria que aprendêssemos de novo a acariciar.

De coração.

Hoje, sobretudo no Ocidente, perdeu-se o sentido profundo da própria vida. Para além das coisas possuídas.

Estou cada vez mais convencido de que não podemos nos sentir pessoas dotadas de sentido, de significado, enquanto permanecermos separados dos outros.

Enquanto permanecermos convencidos de que somos onipotentes.

Fechados em nós mesmos.

Não fazendo parte de um universo mais amplo.

Por isso, escrevo. Para mim, escrever nunca foi um desabafo, uma fuga ou um modo de tirar proveito, mas escrevo para partilhar, para colocar em comum as nossas histórias. Para nos sentirmos unidos. Íntimos. Companheiros de viagem.

E isso foi possível graças à doçura, à ternura, à sinceridade com que conversávamos e continuamos conversando.

Porque nos acariciamos continuamente, eu escrevendo e vocês lendo.

De coração.

O dom dos pobres

Passando grande parte do ano na América Latina, onde leciono, ainda fico surpreso diante dos testemunhos de amor, alegria, calor, intimidade que os povos desses lugares, apesar das graves necessidades da sobrevivência diária, continuamente me demonstram.

Quando, depois, volto a viver o resto do ano na Europa ou na América do Norte, sinto-me imerso numa atmosfera angustiante, de desesperança, de medo.

De fato, a maior parte dos ocidentais vive no medo, na desconfiança, na solidão.

Sem calor humano. Sem verdadeira intimidade.

Sem carícias. Sem coração.

O medo, outro grande tema ao qual dediquei meu segundo livro, é o verdadeiro pano de fundo das nossas decisões, dos nossos programas existenciais.

Embora considerando-nos cristãos, essencialmente espirituais, somos tomados por contínuas e extenuantes preocupações. Preocupações, pensando bem, determinadas pelo medo, para o qual o nosso sistema social e cultural nos educa.

Quando volto à Itália, quase todas as pessoas que encontro, entre elas muitos jovens, fazem perguntas que, no meu coração, sinto que não são dignas de resposta. São perguntas provenientes de preocupações com o sucesso, o controle, o prestígio, o poder, o dinheiro, o sexo.

Até quando perdurarem esses nossos problemas, consideraremos inúteis, infantis, sentimentais, ingênuas as verdadeiras perguntas sobre o amor.

Que dizem respeito à intimidade do coração.

Somente viajando pelo mundo percebi, em contato com culturas diferentes, que fui educado, programado, treinado para viver em meio às preocupações, aos assim chamados "problemas sérios".

Quando, porém, comecei a entender que tais "problemas sérios" não são outra coisa senão o resultado do medo e da angústia criados para nós pelos poderosos de plantão, por aqueles que nos dominam, que nos mantêm sob controle, então me revoltei.

Não quero mais ser amedrontado.

Não quero mais ser ameaçado.

Não quero mais ficar angustiado.

Não quero mais ficar preocupado.

Quero — e este pretende ser também o escopo do que escrevo — passar do medo ao amor.

Quero superar os temores que me foram inculcados e viver *de coração*.

O medo

Como vivi mal grande parte da minha vida!

Com pouca vida íntima e com pouca vida comunitária.

Talvez porque eu tenha vindo de uma família desagregada? Não sei.

Noto, porém, a mesma situação em outras pessoas que aparentemente levam uma vida cômoda, serena, a dois, familiar, comunitária; mas, lá no fundo, sentem-se angustiadas, amedrontadas, desenraizadas, sozinhas.

Não nos sentimos mais protegidos.

Não nos sentimos mais amados.

Não nos sentimos mais seguros.

Porque não vivemos mais *em intimidade*.

Desaprendemos a abraçar. Desaprendemos a beijar. Desaprendemos a acariciar.

Desaprendemos a valorizar o outro. De coração.

Por medo.

O medo nos impede de ter a verdadeira intimidade. Afasta-nos dos outros ou, ao contrário, ata-nos, faz-nos depender deles.

Cria demasiada distância. Ou a anula.

Não favorece a verdadeira intimidade. Porque não somos livres interiormente.

Noto cada vez mais que as relações interpessoais são apenas um jogo de distanciamento e de aproximação criado pelo medo. Casais que dizem se amar, mas são poucos os beijos, poucos os abraços, poucas as carícias entre eles.

Têm vergonha de dá-los e de recebê-los.

Acham que é coisa inútil.

Nesses casos, o matrimônio é vivido como dever, geralmente em nível genital, como álibi para não expressar sentimentos mais profundos. Ou vive-se o celibato para não olhar de frente a própria esterilidade.

A intimidade que entendo é, porém, o lugar onde pode-se crescer juntos. Cada um realizando sua própria viagem.[1]

E isso nós conseguimos somente admitindo, antes para nós mesmos e depois para o outro, que somos limitados, fracos, inseguros, com necessidade de crescer.

Reciprocamente.

A intimidade do coração

Faz um bom tempo, e meus livros são testemunho disso, que sou crítico em relação ao psicologismo que permeia de forma obsessiva o Ocidente: tudo deve ser explicado pela psicologia! Ela nos ensina como amar, como viver a vida a dois mantendo a devida distância, como ser felizes, como viver serenamente com a própria personalidade e com a do outro, como instaurar profundas relações interpessoais...

---

[1] Cf. ALBISETTI, V. *Il viaggio della vita.* Come riconoscerne e valorizzarne gli aspetti positivi. 2. ed. Milano, Paoline, 1999.

Naturalmente, também a intimidade, como eu a entendo, evita, por um lado, uma fria embora aparentemente gentil e respeitosa distância, e por outro, uma sufocante embora aparentemente quente e doce proximidade; mas o conjunto não pode ser ditado por um contrato, por regras codificadas, movidas mais uma vez pelo medo, e, sim, pelo *coração*.

A intimidade, como eu a entendo, vai além da distância e da aproximação.

Não é uma tentativa de tornar o mundo melhor ou o ser humano bonzinho. Não está fundamentada nos homens.

Faz tempo, através das feridas, dos sofrimentos, das dores recebidas e provocadas, compreendi que as relações podem se tornar de fato duradouras somente se colocarmos como centro não o outro, embora bom, mas Deus.

As nossas feridas, as nossas necessidades, são por demais profundas para ser sanadas e satisfeitas de forma simétrica.[2]

Por isso, à minha intimidade dou o nome de intimidade *do coração*, porque se trata de um caminhar dentro do próprio coração, onde encontramos silêncio.

Um silêncio cheio de espanto.

De Deus.

O único que amou e ama cada um de nós, inclusive o pior de nós, desde sempre. Desde o primeiro nascimento de cada um.

Somente assim poderemos viver com os outros, sem pretensão.

---

[2] A esse respeito, ler: ALBISETTI, V. *Ser amigos ou ter amigos?* Uma forma de conhecer a si mesmo e aos outros. São Paulo, Paulinas, 2001; idem. *Ridere con il cuore. Un metodo semplice per vivere più sereni.* 2. ed. Milano, Paoline, 2000.

Admitindo as próprias fraquezas.

Perdoando-as.

A solidão na vida a dois

Quanto medo de expressar sentimentos, emoções, na vida a dois! O medo leva à desconfiança, leva a não se expor, a não se revelar, a afastar-se do outro, até perder o contato com ele, até sentir que não faz mais parte dele.

Fecha-nos na defesa.

Não se fala mais ou são ditas sempre as mesmas coisas, já aprovadas, para não criar conflitos.

Não se acaricia mais com olhares, com palavras... com o coração.

Porque se sente tremenda e infinitamente só.

E, para fugir dessa solidão, pratica-se o sexo. A cultura do tempo, consumista, competitiva, falsamente pacífica, leva a crer que o sexo possa provocar intimidade, união. Nada mais falso do que isso. Porque o sexo sem coração afasta ainda mais.

Usa, não comunica.

Desvaloriza, empobrece.

É banal.

Somente quando nos entregamos, somente quando nos apresentamos ao outro sem defesas, em nossas fraquezas, somente quando cuidamos um do outro, somente quando prestamos atenção um no outro, unimo-nos verdadeiramente. Amamos.

2. A VERDADEIRA REVOLUÇÃO

Eu gostaria...

Gostaria de conseguir entrar em contato com seu coração.

Com o amor.

Através das carícias.

Gostaria que vocês não continuassem a viver como "mortos".

Gostaria de infundir-lhes o desejo de comunicar.

De partilhar.

Gostaria de ajudá-los, como sempre, a realizar sua unicidade e irrepetibilidade.

Seu potencial.

Especialmente num tempo, este nosso tempo, em que a família está em crise, as separações são freqüentes, as relações são cada vez mais superficiais, banais, insignificantes, tem-se necessidade de uma comunicação vivida, autêntica, encarnada, e não só (e demasiadamente) falada, olhada.

Num mundo em que nos conhecemos e nos comunicamos através dos computadores, e nos nutrimos por meio da fria e estúpida imagem televisiva, acabam sendo atos revolucionários olhar nos olhos, tocar, beijar, abraçar.

De coração.

Estou amargurado

Enquanto escrevo, sinto-me cada vez mais amargurado ao pensar como vivemos separados, isolados uns dos outros, sobretudo aqui no Ocidente. Fazemos de tudo para não ficar sozinhos, preenchemos cada minuto da nossa vida com sons, imagens, atividades físicas e, no entanto, não conseguimos, de fato, comunicar-nos com o outro; não conseguimos sentir-nos em profunda intimidade com o outro.

Porque perdemos a capacidade de nos acariciar.

De coração.

No livro *Ridere con il cuore* [Rir com o coração] aconselhei-lhes uma nova maneira de enfrentar a vida. Agora, gostaria de pedir que vocês abraçassem o outro, o beijassem, o apertassem com força nos braços. Gostaria de, pouco a pouco, quebrar o isolamento, a solidão que vocês sentem. Gostaria de fazê-los sair do egoísmo, do egocentrismo, da desconfiança, da insegurança, do medo.

Gostaria que aprendêssemos a não mais falar de mim ou de vocês, mas de nós.

Lembrando-nos de que a verdadeira força da humanidade está em sua capacidade de cultivar a intimidade. Em estar de fato *juntos*.

Gostaria que entendêssemos que dar é receber, e vice-versa.

Sobretudo eu, que vivo parte do ano em rigoroso eremitério, sei muito bem o quanto ajuda ser acariciado de coração.

Faz com que nos sintamos vivos.

As carícias do coração são carícias *partilhadas*.

Sentir-se juntos

O ser humano, quando está junto com os outros de maneira afetuosa, doce, sente uma alegria profunda, ancestral, arquetípica.

Por isso, é preciso aprender a abraçar a vida, em todos os seus momentos, a acariciá-la de coração, como ela se apresenta. Não somente nos momentos românticos ou nas situações ideais.

Temos de fazer isso agora!

Não esperem amanhã.

É uma decisão que somente vocês podem tomar e a qualquer momento.

Em qualquer idade.

Não existe velhice para se amar, para acariciar de coração os outros.

Sobretudo entre os casais de namorados ou de casados, os abraços, as carícias, os beijos transmitem a alegria de viver.

Fazem com que se sintam unidos. Juntos.

A longa experiência psicoterapêutica ensinou-me que, numa relação, praticar de fato (e não somente falar sobre!) a ternura, a doçura, o afeto, ajuda a superar os problemas mais difíceis.

Façam isso já, eu lhes peço.

Dêem flores de presente a suas esposas, a seus maridos, escrevam bilhetinhos de amor, abracem-se calorosamente.

Segurem a mão um do outro e fiquem em silêncio por alguns momentos, olhando nos olhos.

Troquem carinhos.

Acariciem seus filhos, dêem-lhes carinho.

Um minuto assim os fará sentir unidos mais do que mil palavras.

Fiquem juntos, mas não se fundam! Somente permanecendo inteiros conseguimos não nos perder no outro e, assim, dar e receber amor.

Procurem ficar com pessoas que ainda saibam rir, que ainda saibam abraçar, que ainda saibam acariciar de coração, e vocês se sentirão orgulhosos de pertencer ao gênero humano!

O amor está dentro de nós

O amor está dentro de nós.

Desde sempre.

Trata-se de trazê-lo para fora, de querer expressá-lo.

Através das carícias do coração.

É este o único modo que faz com que se viva verdadeiramente o amor, não o confundindo com o sexo, estendendo-o a toda a humanidade, não o relegando somente a visões de casal ditadas pela televisão, pelo comércio, pelo consumismo, pelo poder político.

As carícias do coração, o amor verdadeiro, são revolucionários.

Sou contra uma sociedade em que nada é feito sem tirar proveito, em que se está junto para satisfazer as neuroses pessoais, em que a desconfiança é chamada de esperteza, identificada como bem saber viver.

O amor verdadeiro, as carícias do coração, não querem nada em troca. Quem vive a dois jamais deveria se esquecer disso. Muitas vezes se fazem carícias unicamente na certeza de que o outro o mereça ou retribua. Ou somente em momentos românticos, mágicos.

Tudo isso, porém, é terrível.

Significa arrogar-se o direito de julgar o outro, isto é, de manipulá-lo, condicioná-lo. Significa não viver na realidade, no dia-a-dia.

Estas não são carícias de coração.

Amar simplesmente por amar é uma opção de vida.

Uma atitude da personalidade.

Um retorno à nossa verdadeira natureza.

É decidir-se *agora*, neste momento, pela ternura, pela doçura, pelo calor, pela confiança da vida a dois. Seja como for.

Minha visão personalista

Minha visão psicológica, de tipo personalista, não compreende o homem como corpo dividido pela psique, pela alma, nem deixa de lado o espírito. Supera a concepção de que o corpo seja a parte limitada, física, mortal, e a alma seja a parte nobre, espiritual, imortal.

Para mim, o corpo não é o oposto da alma.

É tudo uma coisa só.

O "meu" homem não vive por si, não faz do seu próprio eu o centro de tudo, não sujeita a vida às próprias necessidades, mas é orientado para o espírito, para a consciência.

Falo da consciência na medida em que uma pessoa se relaciona com o princípio espiritual que, através do componente transcendental, a ressignifica, a redefine.

Contudo, em minha visão, Deus permanece, muitas vezes, em silêncio.

Quem pode dizer que escutou a voz de Deus?

Quem pode estar tão seguro a ponto de não confundi-la com as próprias fantasias, com os próprios delírios?

Para mim, Deus é sempre Outro em relação a nós, de modo absoluto.

Ele, porém, fala.

Por meio dos outros seres humanos.

Sobretudo pelos mais fracos.

São eles que nos obrigam a sair de nós mesmos.

São eles que nos obrigam ao amor.

São eles que me fizeram escrever este livro, que me impulsionaram a buscar novos espaços para me expressar.

Amar como opção

Para mim, foi um lento amadurecimento passar de uma genérica abertura aos outros, de uma inata gentileza da alma, para uma verdadeira consciência do amor para com todos os seres vivos que me rodeiam.

Ao pensar minha vida como uma viagem, percebo que naquilo que encontro, nas pessoas, nas situações, acho marcos, sinais que orientam melhor a minha caminhada de crescimento.

Ao pensar que vim à terra apenas para ficar melhor, para reduzir ao mínimo o meu grau de neurose,[1] então os outros se tornam o lugar de contínuo confronto com meus egoísmos, com minhas ambições.

Tornam-se terapêuticos.

Agora, quando alguém provoca em mim sentimentos negativos, em vez de julgá-lo, olho dentro de mim mesmo para procurar aquelas partes negativas que foram provocadas. Somente assim me torno verdadeiramente responsável pelos meus sentimentos, pelas minhas emoções.

Enfim, ao pensar que todos nós estamos ligados por um fio invisível, homens e animais, céu e terra, vegetais e minerais, então *amar torna-se uma opção*; quando acaricio o outro, estou acariciando ao mesmo tempo a mim mesmo; quando firo alguém, estou ferindo a mim mesmo.

---

[1] Cf. ALBISETTI, V. *Para ser feliz*: psicologia para todos. São Paulo, Paulinas, 1995.

3. DO EU AOS OUTROS

Sair da onipotência infantil

A criança vive o mundo exclusivamente em função do próprio eu, tanto que se fala de onipotência infantil.

Os outros não existem.

Ou melhor, os outros são apenas um prolongamento do querer do seu eu. Não são vividos como tendo personalidade própria, autônoma, desvinculada da sua. A criança crê que todas as pessoas e coisas que a rodeiam estejam em seu poder, a seu serviço.

A psique vai-se estruturando conforme se percebe a existência de pessoas e de coisas independentes da sua vontade.

Da identificação do mundo no corpo materno, o eu passa a descobrir novas dimensões externas, amplas, complexas, que o redimensionam, que o fazem perceber aquilo que é: *limitado*.

Conforme a pessoa vai crescendo, descobre que precisa se confrontar com os diferentes *outros* para viver.

Essas passagens complicadas, difíceis, dolorosas, para seguir em harmonia com a vida e não com a morte, com o crescimento e não com a neurose, necessitam de carinhos, das carícias do coração.

Quanto mais o eu se desapegar da própria onipotência, melhor compreenderá a infinita extensão e intensidade do real.

Quanto mais o eu permanecer fechado aos outros, mais se tornará medroso, incapaz de viver a autêntica realidade.

Os carinhos mudam tudo.

A pessoa que recebe carinho será rica em valores, porque não buscará possuir, mas abrir-se; viverá o mundo com algo dado, de *não seu*, porque terá aprendido a não viver para si mesma, mas para os outros.

Não dominará, não possuirá, mas servirá, amará.

Essa capacidade de gratuidade, fornecida pelos carinhos, pelas carícias de coração — gratuitas por definição —, ensina exatamente isto: a estar contente por viver, a agradecer o dia que está vivendo, as pessoas que encontra, que a rodeiam.

Gozar o presente e não ficar se queixando do passado, nem sonhando com o futuro.

A necessidade dos outros

Não tenhamos ilusões: os outros nos são necessários.

Não podemos viver sem eles.

Não podemos crescer sem eles.

Mesmo quem nega, quem recusa os outros, não pode se desfazer deles. Embora cada um seja único em sua unicidade e irrepetibilidade, os outros são indispensáveis para se crescer, para se confrontar, para se partilhar.

Talvez por isso, e não raramente, por trás da palavra "amor" se escondem o interesse, o cálculo, a neurose, a violência, a perversão. Na verdade, muitos procuram o amor para usar o outro a seu bel-prazer, para seu próprio interesse, a fim de satisfazer suas próprias fantasias, suas neuroses.

Para realizar seus próprios sonhos.

Se olharmos ao nosso redor, perceberemos que o amor encobre cada vez mais freqüentemente situações de violência.

Em todo caso, sem chegar a esses extremos, a relação com o outro, infelizmente, quase nunca é livre, autêntica, desinteressada.

De coração.

Porque foram poucas as carícias de coração.

Como vivemos os outros

Estou cada vez mais convencido de que vivemos os outros através da imagem que deles construímos. Dificilmente vamos até o fundo, dentro do outro, dentro da vida. A própria relação que instauramos baseia-se mais na imagem, na aparência do outro, do que na sua substância, na sua essência autêntica.

A explicação de tudo isso está nas primeiras relações com a figura materna.

Crê-se que a criança estruture a percepção dos outros conforme a presença amorosa da mãe (mãe boa) ou conforme a sua ausência ou presença não amorosa (mãe má).

Como escrevi em *Gelosi si nasce o si diventa?*[1] [Nascemos ou nos tornamos ciumentos?], nascemos num ambiente ideal, paradisíaco, onde nos movemos livres, acariciados continuamente

---

[1] 3. ed., Milano, Paoline, 1997.

pelo calor de um líquido de temperatura constante, onde não fazemos esforço algum, não sentimos cansaço, onde somos protegidos e apertados pelo abraço ininterrupto, pleno, forte do útero, onde percebemos os sons do corpo materno, do seu coração, da sua voz, e já possuímos a energia, a vitalidade para enfrentar as adversidades de toda a nossa existência.

Depois, o nascimento nos arranca dessa união física e psíquica total, contínua, constante.

Íntima. Gratuita. Vital.

E, pela primeira vez, sentimos o terror da solidão.

O medo da morte (visto que os pequenos humanos não podem sobreviver sem a presença do adulto, sem seus cuidados, sem suas carícias).

Assim, todos nós, durante todo o resto da vida, procuramos reviver, recriar o estado de intimidade ideal já vivido em nível uterino, por meio das carícias, dos abraços, da profunda intimidade com a pessoa amada.

Está provado que as crianças preferem morrer a renunciar à intimidade física, aos carinhos. Freqüentemente choram para ser apanhadas no colo, para ser paparicadas. Somente assim se acalmam. De fato, os recém-nascidos prematuros, se acariciados por alguns minutos ao dia, aumentam de peso, desenvolvem curiosidade e inteligência.

Dois tipos de carícias

Este ano finalmente conheci meu sobrinho irlandês Gerald, de três anos. Brincando com ele e observando-o durante vários dias, pude verificar como a intimidade e as carícias são de importância vital para a criança. Robusto e cheio de vida, demonstra felicidade, alegria de viver, transborda de energia quando eu o olho, quando brinco com ele, sobretudo quando o abraço, o beijo, dou-lhe carinho independentemente do que ele faz. E basta uma só reprovação por parte dos pais para deixá-lo triste, para fazê-lo sofrer. Para vê-lo se fechar e ficar taciturno durante horas.

Por outro lado, somente a introjeção de regras, do sentido do limite, de proibições, o ajuda a sobreviver, a não se meter em apuros ou em situações perigosas.

A *carícia do coração* quer dizer: eu o quero bem, independentemente do que você fizer.

A *carícia da cabeça*, ao contrário, significa: eu o quero bem se você fizer aquilo que lhe digo, se você me obedecer.

As carícias do coração preenchem de felicidade, de energia vital, de otimismo, eliminam imediatamente a tristeza, o senso de inutilidade, o complexo de inferioridade.

Fazem com que nos lembremos do paraíso de onde viemos.

Fazem-nos viver.

São carícias revolucionárias.

De mudança.

As carícias da cabeça nos ajudam a sobreviver. Adaptam-nos ao social, mas nos privam de energia vital, de otimismo, de alegria.

São carícias de aprovação.

De consenso.

De controle.

Todos, em seu íntimo, desejam as carícias do coração. Aqueles que se contentam com as da cabeça se conformam com a derrota. Abdicam da própria dignidade de ser únicos e irrepetíveis.

Não acreditam na vida.

Estão psicologicamente mortos.

Podemos amar mais

Como eu dizia no início, nós, ocidentais, além de não sabermos mais rir,[2] não sabemos mais entrar em relação profunda com nosso corpo, com nossa vivência, com nossos sentimentos, com nossas emoções, com nossa alma, nem com aqueles que estão ao nosso redor, com aqueles com quem nos encontramos, com aqueles que amamos.

Porque temos medo.

De ser feridos.

De sentir-nos rejeitados.

De ser mal-entendidos.

E então nos contentamos em viver em nosso egoísmo, em nosso egotismo, em nosso narcisismo.

Não nos abrimos *verdadeiramente* aos outros.

Não expressamos o nosso verdadeiro eu.

---

[2] Cf. ALBISETTI, V. *Ridere con il cuore*, op. cit.

Assim fazendo, não desenvolvemos plenamente todas as nossas potencialidades pessoais.

Nossa originalidade.

Nossa criatividade.

Estamos acostumados a dar e a receber apenas carícias da cabeça.

Mas somente as carícias do coração dão vida!

Fazem-nos sair da infelicidade!

Por carícias do coração, evidentemente, não entendo apenas as carícias feitas com as mãos, mas também aquelas feitas com o olhar, com a voz, com as risadas, com os abraços, apertos de mão, presentes, telefonemas, cartas, flores... Com todas as nossas atitudes e comportamentos.

Precisamos voltar a ser autênticos, espontâneos, alegres, como quando éramos crianças serenas, *paparicadas de coração*.

4. A CRIANÇA INTERIOR

Em todos nós há uma criança
que quer receber carinho

A psicologia já o diz há tempo: é difícil imaginar quanta força, quanto entusiasmo, quanta coragem os carinhos infundem nos filhotes humanos. Podemos afirmar, com toda a convicção, que os carinhos são o melhor alimento emocional que existe.

As melhores vitaminas.

E isso sabe muito bem aquele que provém, como eu, de um ambiente no qual uma carícia, um beijo, um cumprimento eram considerados sinais de fraqueza, e até mesmo não-educativos.

Quanto medo das crianças, da exuberante vitalidade delas, vejo agora nesse comportamento! Um comportamento de adultos fechados, fossilizados em normas, regras, movidos somente pelo próprio instinto de morte.

Pela infância negada que tiveram.

Por sua neurose.

E em cada adulto há um menino que deseja receber carinho.

As crianças nascem fortes e os carinhos as mantêm assim

Estou convencido de que a criança, quando nasce, já tem dentro de si tudo aquilo de que precisa para viver toda a sua existência. A vitalidade, a energia, a força, a coragem necessárias para enfrentar as dificuldades, as vicissitudes de uma vida toda.

Depois, o mundo externo, os pais, os professores, a escola, a sociedade, os amigos, a realidade circunstante impõem limites, proibições, regras que, pouco a pouco, vão reduzindo a força, o entusiasmo, a vitalidade da criança.

Como vimos, é lógico que tudo isso aconteça. Contudo, pensemos quantos medos, quantas angústias devem passar pela psique... No fundo, trata-se de um pequeno ser inofensivo, indefeso, que de repente se encontra num mundo novo, desconhecido e, para ele, povoado de gigantesca e poderosa gente estranha.

Sua força provinha do fato de viver num estado de plena e total intimidade com a mãe, no útero.

Agora sabe que está sozinho.

Nesse ponto, somente os carinhos, os abraços, os beijos da mamãe podem levá-lo novamente a um estado de intimidade vivida, de bem-estar, de paz, de força. Através dos carinhos, a criança se sente impulsionada para a vida, otimista, cheia de alegria, de confiança em si mesma e no mundo que a rodeia.

Basta um sorriso, um abraço, um beijo, um agrado, e a criança se sente imediatamente cheia de energia, de vitalidade.

Constatei coisas incríveis. Vi, sobretudo em regiões de guerra e em orfanatos, algumas crianças se deixarem morrer, não querendo mais viver, por falta de carinho.

Basta uma recriminação para bloquear a vitalidade de uma criança.

Para torná-la infeliz.

Adultos que não receberam carinho quando crianças

As crianças que não receberam carinho, com grande probabilidade se tornarão adultos frustrados, socialmente até bem adaptados, realizados sob o ponto de vista profissional, mas interiormente infelizes, deprimidos, sem esperança, fechados a qualquer novidade, às mudanças, ao risco, à vida.

Em todos os ambientes, inclusive no da vida a dois e da família, vão se esconder atrás de regras, de normas. De tarefas.

Temerão a espontaneidade e a vitalidade do companheiro e dos filhos.

Vão preferir dar ordens, impor proibições, do que oferecer carinho e fazer elogios. Sempre prontos para criticar mais do que valorizar, recompensar.

No fundo, quando adultos, não fazem outra coisa senão repropor o modelo educativo segundo o qual foram tratados quando crianças. Por isso, espero que muito deles leiam este pequeno livro e se reconheçam, e se deixem ajudar a mudar seus comportamentos.

Por outro lado, neles ainda vive uma criança desejosa de carinho, de carícias do coração.

Tenhamos a coragem ou a simplicidade de admitir e aceitar isso.

E a vida mudará!

Tornando-nos amigos da criança que mora em nós

Estou me convencendo, cada vez mais, de que por trás de muitas de nossas atitudes, de nossos comportamentos, no fundo, se esconde um enorme desejo de afeto, de amor, de carinho.

Em geral, os agrados têm um efeito imediato. Renovam rapidamente a confiança em nós mesmos, aumentam de repente a nossa baixa auto-estima.

Somente nos tornando amigos da criança que há em todos nós e do seu grande desejo de receber carinho, somente a ouvindo, embora já adultos maduros, vividos, desencantados, podemos receber uma energia imensa, uma vitalidade infinita, incrível.

Experimente fazer isso!

Nunca lhe aconteceu encontrar alguém que, com uma conversa, com frases, olhares, o fizesse se sentir misteriosamente bem?

É porque conseguiu dar carinho à criança que existe em você.

Conseguiu satisfazer seus desejos.

Valorizá-lo.

Nunca lhe aconteceu estar furioso e, de repente, uma frase, um modo de ser do outro o deixar à vontade, fazer sorrir, fazendo desaparecer num instante a sua braveza?

É que foi feito um carinho à sua criança.

Onde há carinho, não há agressividade

Geralmente, as relações entre seres humanos, inclusive entre casais ou na família, estão baseadas, direta ou indiretamente, na competição, na luta pelo domínio sobre o outro, a fim de controlá-lo ou até mesmo aniquilá-lo.

Por quê?

Porque, no fundo, a maioria dos seres humanos se sente insegura, tem medo e procura, então, se defender, atacar antes de ser atacada... Vive a vida toda numa lógica de poder, inclusive no campo afetivo, a fim de não escutar a própria criança interior.

Ou melhor...

Por tê-la esquecido.

Abandonado.

Escondido.

Por vergonha.

Quantas brigas nunca terminam porque nenhuma das partes quer ceder, não quer ver no outro uma criança insegura, amedrontada. Brigam porque ambos têm dentro de si uma criança interior ressentida, porque não encontraram no outro os carinhos tão desejados.

De fato, no momento em que um dos dois decide ver no outro uma criança necessitada de carinho e oferece esse carinho, a agressividade diminui, a litigiosidade desaparece.

Com o tempo, acabei me convencendo de que por trás de um comportamento agressivo há sempre uma necessidade de carinho não satisfeita.

É difícil, eu diria impossível, que uma pessoa, cuja criança interior está recebendo carinho, isto é, sendo valorizada, assuma comportamentos agressivos ou violentos.

Não nos esqueçamos de que a criança interior, quando recebe carinho, se sente feliz, poderosa, com uma energia ilimitada, a ponto de perdoar qualquer indelicadeza, de passar por cima de qualquer injustiça que lhe tenha sido feita.

Quando reagimos agressivamente, portanto, devemos nos acostumar a perceber quais exigências de carinho, nesse momento, a nossa criança interior está reclamando, porque lhe estão sendo negadas.

Se aprendêssemos a enfrentar as relações humanas, em todos os setores da vida, com um pedido recíproco de carinho, o mundo mudaria.

Nunca é tarde demais para dar carinho

Mesmo aqueles que, como eu, não foram acostumados desde pequenos a receber carinho, podem sempre começar a fazê-lo.

Vale a pena.

Encontrarão em vocês energias, dotes, capacidades jamais suspeitadas.

É claro que, diferentemente de outros habituados a receber, desde pequenos, as carícias do coração, teremos dificuldades no começo. Mas, se pararmos por um instante, se revirmos os momentos em que alguém, já como adultos, nos valoriza, nos acaricia de coração com palavras e com fatos, e formos sinceros com nós mesmos, não poderemos deixar de nos sentir felizes.

Temos de aprender a confessar isso: sim, também nós, de pele grossa, temos um coração terno e doce. Também nós possuímos uma criança interior desejosa de ser acariciada de coração.

E se vivemos poucos momentos de carinho, lembremo-nos bem do quanto nos sentimos fortes, corajosos, cheios de energia e vitalidade naqueles momentos!

Portanto, não vamos ficar paralisados num passado infeliz ou difícil!

A criança interior nunca perde energia, força, vitalidade, serenidade, mesmo que não tenha sido acariciada de coração há muito tempo.

Trata-se de decidir, de escolher.

Por que viver ainda infelizes, deprimidos, inseguros, amedrontados?

Vamos começar a acariciar de coração a nossa criança interior *agora*, enquanto estamos lendo estas frases.

Não percamos mais o nosso tempo inutilmente.

Não castiguemos mais a nossa criança interior, privando-a de suas carícias do coração.

Experimentem!

E verão que, uma vez acostumados a acariciar sua criança interior, ficarão admirados com os sucessos obtidos, inclusive com os outros, sobretudo com quem vocês amam.

Se aprenderem a dar carinho a si mesmos, será fácil dar carinho também às pessoas que os rodeiam.

Dar carinho antes

Não devemos dar carinho ao outro somente se ele nos tiver agradado antes. Temos de aprender a fazer isso mesmo que o outro não o tenha feito e sabendo que não retribuirá.

É maravilhoso o que sentimos quando fazemos uma carícia de coração à criança interior dele, dela, do próprio filho...

Existem tantas ocasiões para dar carinho.

Todos os momentos são bons.

Não fiquem contando os carinhos dados!

Dêem carinho inclusive àquele que lhes é antipático. Talvez não demonstrará, mas tenham certeza de que a criança interior dele ficará alegre.

Comecemos logo pela manhã, ao acordarmos, a dar carinho a quem encontrarmos. Pouco a pouco, irá se tornar nossa maneira de ser. De tal modo que, quando alguém nos ofender, em vez de reagir agressivamente e com razão, compreenderemos que sua criança interior necessita de carinho, que nós lhe daremos prontamente, e de coração.

Porque teremos entendido que em cada pessoa há uma criança interior como a nossa, com os mesmos temores, as mesmas angústias, os mesmos sofrimentos.

Sobretudo na vida a dois, aprendamos a dar carinho antes, sem esperar que o outro o faça. Aprendamos a perceber e a satisfazer o tipo de carinho que a criança interior do nosso companheiro, da nossa companheira deseja, e veremos que com o tempo também o outro aprenderá a nos dar carinho e será maravilhoso ver nossas duas crianças conversarem juntas!

Viveremos em harmonia com nós mesmos e com o outro.

Estamos no mundo não para ter razão, mas para amar

Na verdade, neste ponto, temos de mudar de mentalidade, o modo de ser.

Percebi que vivi quarenta anos procurando ter razão, porque sabia que eu tinha razão. Muitas vezes, depois de extenuantes lutas e longos sofrimentos (não se esqueçam de que sou um verdadeiro guerreiro), venci, tive a razão que merecia.

Agora, repensando, pergunto-me: Para que serviu isso?

Sim, não há dúvida, serviu para a minha dignidade, para o meu senso de honra... Agora, porém, já mais da metade da minha vida vivida, entrei num novo nível de conhecimento, de compreensão das relações, das relações humanas.

Não é tão importante ter conseguido vencer, demonstrar que tinha razão, e sim ter amado verdadeiramente. E, para amar, é preciso acariciar de coração, dar carinho à criança interior de quem encontrarmos, também àquela dos nossos inimigos.

A única resposta inteligente para a agressividade é o amor.

Muitas vezes um carinho bem-feito transforma o ódio em amizade.

Para que serve sentir-se perfeito, mas permanecer sozinho?

Temos necessidade de todos.

De todos os outros.

Sobretudo para realizar projetos, para continuar nossa viagem de vida pessoal.

Unicamente com as nossas forças não vamos muito longe.

Podemos fazer muito pouco.

Por outro lado, o carinho, as carícias de coração, somente os outros as podem fazer. Portanto, evitemos que o outro se sinta inadequado, incapaz, menos importante do que nós. Como poderemos pretender, então, receber carinho?

Se nunca fizermos carícias de coração, o outro, cedo ou tarde, nos fará pagar. Ou nos usará para agradar a si mesmo.

Por isso, chego a pensar que, se numa vida a dois não houver carinho, não haverá respeito.

Não haverá verdadeira união.

À vezes basta um nada, um simples carinho, para transformar um dia negativo, uma situação sem saída, uma relação difícil....

Não tenham medo

Não tenham medo de se revelar.

Não tenham medo de amar.

Não tenham medo de partilhar.

Não tenham medo de se doar.

Não tenham medo de expressar as próprias emoções.

Não tenham medo de sofrer.

A vida vale a pena ser vivida, apesar de tudo.

Temer o amor significa temer a vida.

Certamente entrar em contato profundo com o outro muitas vezes cria sofrimento, faz aparecer nossas partes mais fracas, gastamos muita energia, faz que saiamos a descoberto, que corramos riscos... Mas se vocês quiserem participar *ativamente* da vida, se quiserem conhecer a si mesmos, a verdadeira finalidade de ter vindo a este mundo, se quiserem crescer, terão de aprender a amar!

A dar carinho.

Carícias do coração.

A se comunicar *profundamente* com o outro.

5. CARÍCIAS DO CORAÇÃO

Melhor dar carinho do que lutar

Como vimos, as carícias e o carinho estão entre os primeiros lugares nas necessidades humanas, como a fome e a sede. Não acredito que exista algum ser humano capaz de recusar uma carícia do coração.

As carícias do coração, agora o sabemos, são a vida.

Eu sei. Enquanto vocês lêem isto, talvez estejam pensando ter recebido poucas carícias ou não ter recebido nenhuma, mas o mundo em que vivemos acredita mais no consumo, no mercado, na competição, e as relações interpessoais, em vez de ser trocas de amor, são lutas para dominar ou controlar o outro.

Contudo, agora que vocês têm em mãos este pequeno livro, sabem que dar carinho de coração aos outros aumenta também sua vitalidade, sua alegria de viver.

Nós somos aquilo que doamos.

Se aprendermos a dar carinho continuamente, essa atitude se tornará um verdadeiro estilo de vida.

Não somente isso.

Em qualquer ocasião da vida é muito melhor acariciar o coração de quem encontramos do que fazer-lhe guerra. E isso vale em todos os campos. Somente acariciando de coração o coração do outro se instauram relações verdadeiramente construtivas, de crescimento, vitais também para nós.

Todos, sem exceção, gostariam de ser acariciados de coração.

O mal consiste essencialmente em não querer se render ao amor divino. Em acreditar-se todo-poderoso. Por isso, não somente é importante o que se faz, mas também *como* se reage àquilo que nos é feito.

Então, a própria identidade não deriva mais exclusivamente da compreensão do próprio eu, mas, sim, de viver em harmonia consigo mesmo, com os outros, até com o próprio inimigo, com a própria morte.

Agrada-me pensar que o verdadeiro procurador de sentido, o "paparicador" de coração é aquele que sabe se alimentar inclusive através da energia do adversário, do inimigo.

Agradecido, inimigos, por vocês existirem.

As carícias de Deus

Em meu livro *Il viaggio della vita* [A viagem da vida], digo que cada um de nós, sem exceção, é um ser especial, de valor, continuamente acariciado de coração por Deus, antes mesmo de nascer, independentemente do tipo de vida que leva ou que levará.

Mesmo que seus pais de sangue não o tenham desejado, mesmo que os outros não lhe tenham dado atenção, saiba que você será amado continuamente por seu verdadeiro Pai, Deus. Saiba que ele o acariciará sempre de coração e de maneira tão intensa e acolhedora a ponto de saber quantos cabelos você tem na cabeça.

Ele não o confunde com outro.

Fez você único e irrepetível.

Depois desta verdade, para mim, tudo mudou.

Até o meu ser psicanalista.

Nenhuma terapia psicológica pode dar-me o afeto que uma mãe não deu, nem mudar a maldade de um irmão, mas, desde que soube que sou sempre acariciado de coração pelo meu verdadeiro Pai, tudo, sobretudo o sofrimento, assumiu um outro significado.

Entrei numa nova perspectiva.

Neste momento, as palavras que você acabou de ler abrirão seu coração e sua mente.

Você também é amado, acariciado de coração desde sempre, por Deus.

De agora em diante, não devemos mais nos esquecer disso.

Todas as vezes que nos esquecermos disso (eu fiz a prova), rejeitaremos a nós mesmos, ficaremos neuróticos, perderemos a confiança e a estima em nós mesmos; sobretudo sentiremos medo e angústia.

Não seremos capazes de amar de coração.

Gostaria que vocês, também pela leitura deste livro, sofressem menos do que eu ao encontrar a verdade de suas vidas.

Agora vocês sabem que são mais poderosos.

Desde já.

Sempre foram.

Estejam convencidos disso.

Não se espantem com aqueles lugares sombrios, na profundidade da psique, que os perseguem dizendo que vocês são indignos de Deus.

Ele nos amou, nos quis, nos acariciou, antes que nascêssemos.

Deixem-se amar.

As carícias do coração transformam

Quando conseguimos acariciar o coração de uma pessoa, a ajudamos a se transformar, além de transformar a nós mesmos. Fazemos com que ela se sinta feliz, cheia de alegria, enamorada da vida. E assim também nos sentimos.

Se numa relação interpessoal houver o coração, não se perderá absolutamente nada; ao contrário, se crescerá.

Com o passar dos anos, compreendemos melhor que as coisas não têm valor. Viemos a este mundo nus e assim sairemos dele. Então nos damos conta de que possuímos apenas o nosso ser, aquilo que somos, não aquilo que temos.

Por isso, devemos aumentar em ternura, doçura, serenidade, otimismo. Porque nós doamos aquilo que somos.

Quando você acaricia de coração o outro, está acariciando também a si mesmo.

É isso que conta.

A essência da vida humana não consiste em alcançar objetivos, metas, mas na viagem, no percurso, no *como* nos comportamos para com nós mesmos e para com os outros.

Por isso, pode-se ter muitas coisas ou alcançar sucesso, mas não saber mais olhar nos olhos do outro, não saber acariciá-lo, não saber mais lhe dar atenção. Cuidado!

Não me admiro que os ocidentais estejam morrendo de solidão.

Porque aquilo que conta é a relação de seres humanos com outros seres humanos.

As carícias do coração implicam a consciência de ser único e maravilhoso

Os seres humanos são seres maravilhosos. Esta observação é tão banal quanto verdadeira. Eu amo a natureza, as árvores, os rios, o céu, o mar... mas a criatura humana é algo ainda mais sublime, mais alto, profundo.

O corpo humano, a complexidade do cérebro, a personalidade, a inteligência, a criatividade... sem dúvida nenhuma trazem consigo a marca divina!

Entretanto, muitos desses seres, que são os mais evoluídos da criação, não se amam, não se prezam; dizem: "Não valho nada", "Não sou digno de amor", "Não sei amar"...

Todavia, seria preciso aceitar e amar a si mesmos.

Não de maneira narcisista, mas porque cada um de nós é único, irrepetível, especial.

Somente vendo a beleza daquilo que somos poderemos ver a beleza daquilo que o outro é. Somente assim poderemos acariciá-lo de coração.

À medida que nos enxergarmos feios, enxergaremos o outro feio.

À medida que acariciarmos o nosso coração, acariciaremos o coração do outro.

As carícias do coração são uma maneira de ser

Quantos casais, uma vez casados, acreditam que as carícias do coração já não são mais necessárias! Quantos cônjuges acham que tudo já está feito! Pensam que já conhecem tudo do outro.

Não sabem que os seres humanos são essencialmente misteriosos. Que mudam continuamente, todos os dias, a cada minuto, a cada segundo.

Quantas pessoas casadas se sentem entediadas!

E, na realidade, nada se repete.

Os seres humanos não são coisas.

Se você observar "de coração" o rosto de quem lhe está próximo, de quem dorme ao seu lado, notará que muda continuamente.

Muitos acreditam no matrimônio porque acham que ele significa estabilidade, dever, continuidade, segurança. Quantos inseguros, quantos doentes, psicologicamente, se escondem por trás desses matrimônios! Porque estão acomodados, relativamente seguros, com poucos riscos de novidade.

Na realidade, os verdadeiros casamentos são aqueles entre coração e coração.

Quando se casa por medo de perder o outro, de não encontrar outra pessoa que lhe queira bem ou por conformismo, não se vai muito longe.

Ao contrário, quando amar torna-se um modo de ser, há uma grande probabilidade de que a união se desenvolva em profundidade, em intimidade.

Porque vem de dentro de nós, do nosso coração.

É uma ligação entre ser e ser.

Uma união em que nada já é considerado pronto, em que quanto mais você conhece o outro mais quer conhecê-lo, em que nada se repete, em que o outro é sempre um mistério, infinito, complexo, não previsível, a ser descoberto.

Quanto tempo faz que você não acaricia sua esposa? Quanto tempo faz que você não lhe faz carinho? Quanto tempo faz que você não contempla seu rosto em silêncio? Quanto tempo faz que você não dorme segurando-lhe as mãos? Talvez você ache que já sabe tudo a respeito dela, do seu corpo, do seu modo de pensar...

Agora você sabe que não é bem assim.

As carícias do coração não são ciumentas

O ciúme não tem nada a ver com as carícias do coração.

O ciúme pertence à possessividade.

Às carícias da mente.

As carícias do coração prevêem que, quando seu cônjuge está feliz, você também está feliz; que, quando você o vê contente com outra pessoa, você também fica contente.

As carícias do coração dão liberdade.

Onde não há liberdade, não há amor.

Quando se vive o outro como uma conquista do próprio eu, não se trata de amor. Se você der carinho ao outro para mantê-lo perto, com medo de perdê-lo, você não agirá com o coração.

As carícias do coração não criam dependência

As carícias do coração podem ser feitas por uma pessoa que sabe estar sozinha. Porque somente quem sabe viver só, pode viver de fato com o outro.

É uma questão de integridade.

Se você não é íntegro, quando se enamorar ou se aproximar demais de uma pessoa, irá perder-se nela, ficará irremediavelmente ligado a ela.

Por isso muitos temem o amor, as carícias do coração.

Têm medo de se deixar possuir.

De morrer.

Quanto mais você for capaz de ficar sozinho consigo mesmo, tanto mais poderá se aproximar do outro. Sem renunciar à própria alma.

Infelizmente, muitas são as pessoas que estão juntas porque não sabem ficar sozinhas. Contudo, assim fazendo, criam dependência, posse, neurose. Têm enorme medo de ser abandonadas. Preferem vender a própria alma do que ficar sozinhas consigo mesmas.

Quem sabe ficar sozinho, porém, não baseia a própria realização no outro. Mesmo que permanecesse sozinho, não perderia a própria integridade.[1]

---

[1] A esse respeito, ler ALBISETTI, V. *O valor da solidão*: mil razões para estar bem consigo mesmo. São Paulo, Paulinas, 2000.-

As carícias do coração são espontâneas

Eu sou uma pessoa espontânea, direta, e isso já me provocou muitas encrencas. Mas sou assim. Não concebo uma verdadeira vida sem espontaneidade, sem calor humano.

Notem as crianças antes de serem condicionadas pela sociedade e as verão alegres, espontâneas, diretas: tocam, abraçam, sorriem, são cheias de vitalidade.

Contudo, as regras da sociedade impõem mudanças. Todos são tomados pelo seu inflado eu. Pensam na carreira, no sucesso, no dinheiro, em ter uma família de bem... mas não sabem mais ouvir o outro, não sabem mais contemplá-lo, não sabem mais acariciá-lo. Quando os filhos crescem, acham que não precisam mais de calor humano, de intimidade. É assim que se criam alienados, frustrados.

Quando vocês tiverem terminado de ler estas frases, vão e abracem longamente suas esposas, beijem-nas docemente, e façam o mesmo com seus filhos.

Eles serão gratos por toda a vida.

Um dia se lembrarão desses momentos, não dos sermões ou dos moralismos.

Valem muito mais os gestos do que as palavras.

Ficarão impressos.

E formam.

6. CORPOREIDADE
E ESPIRITUALIDADE

Ainda estou aqui

Sim. Ainda estou aqui, sob as árvores, escrevendo, um ano depois de ter lançado o livro *Ridere con il cuore* [Rir com o coração]. Quanto mais passo o tempo no meu eremitério, vivendo somente em contato com a natureza e com os animais do mato, mais os sentidos se apuram, mais a alma se torna sensível, menos me servem os jornais, o rádio, a televisão. Viver durante meses na solidão, imerso na natureza selvagem, purifica, permite ver e sentir nitidamente a própria alma e o próprio corpo. Por outro lado, visto que estou falando de carinho, tenho de pensar também no corpo, é claro.

Isso me leva a entender que a espiritualidade não está apenas no céu, mas também na terra; não está apenas na mente, mas também no coração, no corpo.

Meus leitores mais assíduos sabem que, nos últimos livros, escrevi, aqui e ali, um tanto timidamente, sobre o físico, sobre o corpo.

Por quê?

Porque, de um lado, percebi que, como muitos homens de pensamento, nunca tive um bom relacionamento com meu corpo; por outro, neste ponto da minha vida, estou cada vez mais fascinado pela linguagem não-verbal, aquela que é movida pelo inconsciente no nosso físico.

Preferida, segundo o meu ver, pela alma.

A cultura que me rodeia

Enquanto, sozinho, escrevo em meu ermo, sei que a maior parte das pessoas do rico Ocidente está de férias; entrou, como todos os anos, no rito coletivo da excitação de massa, da contínua diversão, da constante euforia, do livre desabafo da corporeidade... Entretanto, não acredito que, de fato, em profundidade, seja exatamente assim.

Minha longa experiência terapêutica mostra que nunca como nesta época, assim como nas festas como o Natal, a sensação de solidão e de depressão aumenta.

O cinismo desta sociedade de consumo e da imagem quer fazer-nos crer, através da superficialidade proposital de suas redes televisivas, de suas revistas, de seus jornais, que, nesses momentos de férias de verão, todos estão se amando, todos devem estar em festa, todos devem estar em forma.

A esse respeito, vocês poderão retrucar que nunca como nesta sociedade se levou tanto em consideração a forma, o corpo, a psique.

Mas vamos em frente...

Se vocês têm em mãos este livro e outros que escrevi, vocês me conhecem bem e se são, como eu, "procuradores de sentido", não se rebaixem aos modelos culturais propostos.

Ao contrário.

Exatamente essas formas de celebração coletiva tendem a remover o verdadeiro valor do corpo e sua sensibilidade, tendem a adequá-lo aos mitos contemporâneos de massa da eficiência, da sedução, da competição.

O corpo, as emoções, os sentimentos diariamente celebrados na televisão, na propaganda, são irreais, são sempre exibidos tendo em vista o consumo de produtos, de mercadorias.

Eles próprios se tornaram produtos, mercadorias.

Provocam até mesmo as manias, as perversões pessoais para vender mais. Sinto pena ao pensar que milhões de seres humanos já embrutecidos, espertamente manipulados, explorados, gastam suas economias a fim de se equiparar a modelos e alcançar metas inatingíveis.

Esta civilização do consumo e da imagem os quer felizes consumidores de sorvetes, refrigerantes, doces, alimentos sem poder energético, para depois os submeter a regimes, ginásticas, bronzeadores ou a psicoterapias, porque devem corresponder aos modelos propostos pela televisão e pela propaganda.

O mercado e o capital decidiram, faz tempo, que todo o sistema deve girar em torno da satisfação do cliente.

Seja ela qual for.

O senso do mistério

O que mais me desconcerta toda vez que volto ao Ocidente é a perda de interesse pelas sensações autênticas, verdadeiras, reais.

O corpo continuamente proposto pela cultura dominante é um corpo sem valores, um lugar de experimentação, um apêndice do mercado.

Um corpo não mais movido pela alma, e, sim, pelo mercado.

Assim, no plano psíquico se perdeu a verdadeira capacidade de comunicação interpessoal. Fala-se muito, demais, sobre amizade, amor; são realizados seminários, conferências; batalhões de psicólogos falam sobre isso de todas as maneiras... mas, na verdade, não sabem nada.

O amor é mistério.

É uma coisa sagrada.

Intraduzível.

Só pode ser vivido.

Como meus leitores já sabem, desconfio cada vez mais das palavras. Sobretudo no que se refere ao amor, sou a favor de quem o atua, de quem o vive, de quem o expressa através da estima do próprio físico, da própria integridade.

Por isso, devemos reaprender a acariciar de coração este maravilhoso dom que é o nosso corpo em sua totalidade, incluída a psique, a personalidade.

Como já disse, quando falamos ou insistimos muito sobre alguma coisa é porque, ao contrário, não a conhecemos, não a vivemos verdadeiramente.

Nós a tememos.

O Ocidente não ama mais.

Por isso fala somente e sempre de amor.

E não o vive.

Assim como não se coloca mais em viagem rumo ao espírito.

Perdeu o senso do limite, do mistério do amor.

A maior parte dos ocidentais, na realidade, sobrevive, enquadra a própria vida nos limites regulados pela economia, não se comunica, mantém apenas relações apressadas, superficiais.

Não respeita o outro.

Usa-o.

É tempo de comunicar-se com o outro por meio do corpo e da alma.

Este deve ser o grito de guerra diante do disseminado rebaixamento e embotamento das consciências.

Portanto, faz-se necessário um profundo trabalho de ressignificação, de limpeza, no que diz respeito a tantas palavras que são ditas e ouvidas, a fim de que a própria vida seja vivida de verdade, *plenamente*, com admiração e sentido, em todas as suas possibilidades e em seu mistério.

Todavia, para fazer isso é preciso sobretudo uma *pureza de coração*.

É preciso sair do delírio da onipotência.

O grande pecado do Ocidente é se crer auto-suficiente e não parte de um todo. Nós fazemos parte de um mundo que nos foi dado, que é gratuito, para todos. Um mundo no qual somos apenas hóspedes.

Os ocidentais se perdem numa vida quando muito insignificante, porque, sendo arrogantes, permanecem separados de um universo mais amplo.

Hoje, no ponto em que cheguei, sinto que Deus está disposto a nos falar em todas as coisas.

Contudo, para ouvi-lo, é preciso saber falar a linguagem da alma.

E é essa linguagem que, espero, vocês encontrem nos meus livros, é essa linguagem que os faz sair do narcisismo, do egocentrismo, do oportunismo, das regras aceitas, das funções preestabelecidas.

A linguagem da alma é, no fundo, a linguagem do amor.

Torna-nos criativos, vai além da lógica, da razão, engloba tudo.

Inclusive o corpo.

Quem não sabe ouvir o próprio corpo também não sabe ouvir a própria alma.

Talvez por isso muitas palestras sobre espiritualidade, sobre transcendência, deixem-nos indiferentes. Não possuem a verdadeira energia. Se a espiritualidade não é encarnada, não convence.

Medo do corpo

Compreendi que muitas vezes tratei mal o meu corpo. E, no entanto, fui educado numa religião, a cristã, que se fundamenta na encarnação.

Uma religião na qual Deus se faz homem.

Na qual se crê na ressurreição da carne.

Então, por que tratei mal a minha carne por tanto tempo? Talvez porque tenha sido educado a viver o corpo como desligado da alma, do espírito; talvez porque me fizeram vê-lo como baixo, vulgar, como lugar de tentações, de pecado.

Raramente lhe dei a palavra.

Hoje, porém, tenho certeza de que é o organismo mais maravilhoso da criação. Tenho certeza de que é, em absoluto, o lugar que mais fala.

E, se você souber observá-lo, dirá sempre a verdade.

Ele nunca mente.

Para entender as pessoas que encontro, para saber quem são em profundidade, observo o corpo delas, como se movimenta, a postura, a mímica, o que está transmitindo... e, irá parecer-lhes incrível: através dele posso ler a *verdadeira história* da pessoa que está diante de mim.

A mente pode esquecer.

O corpo, não.

No corpo permanece escrito tudo aquilo que se viveu.

Sobretudo a dor, o sofrimento, os abusos, as violências, o não-contato, o não-amor. E por contato e amor não entendo automaticamente o sexo. Nós, ocidentais, já não conseguimos mais fazer um carinho numa pessoa sem pensar em sexo.

Confundimos genitalidade com amor.

E continuamos fazendo isso.

Tiramos toda sacralidade da vida.

Por isso, tememos os olhares intensos e prolongados, os abraços calorosos, os carinhos.

Sentimos vergonha de nós mesmos.

Sentimo-nos culpados por causa do nosso corpo.

Em alguns países, muitas pessoas moram em casas feitas de um só quarto, onde convivem crianças, velhos, casais... Aí se vive, desde o nascimento, na proximidade dos corpos; não se fica embaraçado em mostrar a própria nudez e em ver a dos outros.

Nós, ocidentais, sentimos vergonha de fazer nosso corpo falar, porque o sexualizamos demasiadamente. Remetemos tudo ao sexo dessacralizado, e somos hábeis manipuladores ao justificar tal delírio a ponto de chamá-lo de amor.

Entretanto, o amor é coisa diferente do sexo.

O amor vai além do sexo.

É uma capacidade.[1]

Uma atitude da alma.

Tanto que na maior parte das formas de amor não é exigido o sexo (vejam, por exemplo, a relação entre pais e filhos, irmãos e irmãs, entre amigos, para ajudar o próximo etc.).

O amor não é um componente da personalidade, mas é toda a pessoa que se estrutura como amor.

Somente assim o nosso corpo não falará mais sozinho.

A fonte do amor

Sabemos que em cada um de nós há a indelével sensação de termos sido uma coisa só com nossa mãe. Consciente ou

---

[1] A esse respeito, ler ALBISSETI, V. *Amore. Come stare insieme tutta la vita*. Milano, Paoline, 1999.

inconscientemente, vagaremos por toda a nossa existência à procura dessa antiga união.

Às vezes, a viveremos em parte na amizade, no amor, mas estaremos sempre insatisfeitos.

Inquietos.

Incompletos.

Mas continuaremos intrépidos na busca do outro, impulsionados pela lembrança de ter feito, de algum modo, parte dele. Estamos sempre à procura da parte que falta da nossa alma.

Para mim, sem dúvida nenhuma, é Deus.

Contudo, é mais fácil para nós procurá-la no rosto da nossa parceira ou do nosso parceiro.

Eis por que, quando dou cursos para noivos, digo "escandalosamente" que o matrimônio deles durará enquanto tiverem Deus consigo. Creio, inclusive, que o amor pelo amado ou pela amada seja a energia necessária para realizar a própria viagem espiritual.

Tudo isso, porém, acontece se sairmos da lógica que nos faz achar que temos o direito de *receber amor* em vez de *dá-lo*.

Falar de amor pode esconder a verdadeira realidade da relação interpessoal, realidade muito complexa, de modo que falar muito sobre ele funciona como cobertura de muitas violências feitas em seu nome. Não nos esqueçamos de que muitos casais são os primeiros a transmitirem neuroses e perversões.

Eu sempre disse, e escrevi isso há dez anos, em tempos insuspeitos, que a violência está mais dentro das paredes domésticas do que fora. Na realidade, a relação com o outro corre sempre o risco da instrumentalização, da manipulação, da coisificação.

Por isso, não concebo uma relação de amor em que não haja reconhecimento e respeito. Se vivermos o outro baseados na sua capacidade de satisfazer as nossas necessidades, permaneceremos estéreis, enredados em nosso eu.

O único caminho que há para sair dessa sutil lógica de domínio e de narcisismo que chamamos "amor", não é se servir do outro, mas servi-lo.

Respeitá-lo.

Ouvi-lo.

Todavia, para fazer isso é preciso percorrer um longo caminho, que dura a vida toda. Nascemos com a exigência de ser amados e percebemos depois que devemos amar.

Toda pessoa que encontramos tem direito, queiramos ou não, à nossa atenção, à nossa disponibilidade. Isso não quer dizer se tornar escravo do outro ou agüentar passivamente suas pretensões egoístas, mas ajudá-lo a se tornar autônomo e livre em relação a si mesmo.

Para amar é preciso discernimento

Amar não significa, necessariamente, dizer sempre sim à pessoa amada. Exatamente porque esta, como os outros seres humanos, é ambígua, movida pelo instinto de morte mais do que o de vida.

Não somente.

É também muito difícil escapar de sua valência negativa, destrutiva, mortal. E isso acontece em todas as formas de amor: entre pai e filha, mãe e filho, homem e mulher.

Amor não significa, portanto, ligar a si ou ligar-se a alguém.

Nem se doar esquecendo-se de si mesmo.

Dar não é *amar*.

Mesmo que nos aproxime.

É preciso perguntar por que nos doamos.

É preciso olhar para o próprio coração e ver se está... limpo.

Infelizmente, muitos daqueles que gastam suas energias no social ou dizem estar fazendo o bem, estar amando, são movidos pelo seu eu infantil, dominados por delírios de onipotência ou por graves complexos de inferioridade. De fato, não se conhecem. Ou melhor, conhecem-se bem, sabem quem são, mas exatamente por isso preferem não se enfrentar, não olhar para dentro de si; preferem se esconder atrás de comportamentos hiperativos, coloridos de beneficência, atrás de fachadas de falso amor.

Fariam muito melhor se assumissem a responsabilidade por sua verdadeira identidade, sua real solidão, sua angústia, seu desespero.

O amor somente é autêntico e verdadeiro quando torna o outro livre e independente.

Amar é criar

Amar significa saber criar.

Não apenas biologicamente, em nível sexual, mas também psicologicamente, sobretudo nas relações interpessoais.

O amor se expressa na capacidade de criar as condições graças às quais o outro possa crescer psicológica e espiritualmente. Quem ama não pensa nas próprias necessidades, e nem mesmo nas do outro, mas no crescimento recíproco.

E isso deve ser feito não por dever, mas por uma íntima exigência, porque corresponde ao próprio sentimento. O outro — a pessoa que amamos — deve ser amado sem qualquer sentido de posse, na liberdade.

Somente assim somos obrigados a sair do nosso egoísmo, da nossa onipotência.

Não palavras, mas coração

O ato de falar já isola, cria distância do viver, do atuar o amor.

O amor verdadeiro, por sua vez, é vivido.

O problema real é que não somos capazes de vivê-lo. Preferimos falar dele. Ou atuá-lo somente pelo ato sexual.

Contudo, estamos vendo já há anos que essas duas modalidades não funcionam.

Não levam ao amor.

Ao contrário, matam-no.

E sabem por quê?

Porque não há *coração*.

Amanhã observem bem os assim chamados personagens televisivos que falam de amor; escutem atentamente o que falam e verifiquem pessoalmente o que estou dizendo: usam somente a boca.

Falam, falam, falam...

Mas sem coração.

Estão separados do coração.

Talvez nem o tenham mais.

Para eles o que interessa é a *audiência*.

Assim, as contínuas, obsessivas mensagens publicitárias, que esta assim chamada civilização ocidental nos propõe diariamente, rodam sempre e somente em torno de uma coisa: sexo. Sem coração. Porque chama mais a atenção e ajuda a vender.

É o costumeiro problema de sempre: querer ser Deus.

Todos os dias sai um novo teste psicológico para encontrar a afinidade do casal, para melhorar o caráter, para reduzir a neurose, para levar melhor a vida a dois, para viver o amor.

Mas ninguém fala de coração.

No fundo, como sempre, a verdade está muito mais próxima do que imaginamos, e mais simples: *o amor verdadeiro quer o nosso coração*.

Fora dessa verdade há somente palavras e sexo pornográfico. Portanto, devemos nos examinar sinceramente e nos perguntar quantas vezes entramos de fato em relação com o nosso coração.

Devemos sempre viver com o coração, seja quando estivermos sós, seja quando estivermos a dois ou com os outros.

Este é o segredo da vida humana.

Da nossa viagem neste mundo.

Se vivêssemos verdadeiramente com o coração, muitas coisas mudariam.

Para todos.

Entretanto, vive-se pouco com o coração por medo de descobrir os próprios lados fracos. Vive-se pouco com o coração por medo de não conseguir mais ser conformistas, de não seguir mais os falsos mitos da sociedade em que vivemos.

Vive-se pouco com o coração por não descobrir que de fato nunca se viveu verdadeiramente!

Por nunca ter amado verdadeiramente.

Por ter desperdiçado o tempo que nos foi concedido para a nossa viagem terrena.

Porque o coração questiona.

O coração não permite que se faça mal.

O coração é sincero.

A doçura, a ternura, a sensibilidade nos fazem conhecer os outros

Precisamos descobrir em nós a doçura, a ternura, a sensibilidade e oferecê-las aos outros.

Precisamos mudar o código de comportamento e assumir como forças a doçura, a compreensão, a compaixão, a empatia, a sensibilidade, mais do que a agressividade, o poder, o domínio, a riqueza econômica...

Como já disse em outro momento, certamente a doçura, a ternura, a sensibilidade de que estou falando não se identificam com maneiras gentis, formais, de boa educação, não pertencem à esfera da imagem, do exterior, mas fazem parte da personalidade, de um modo de ser, da própria interioridade.

A capacidade de amar, de dar carinho, provém de uma grande confiança em si mesmo. Sem boa auto-estima dificilmente haverá capacidade para dar carinho. Somente com boa auto-estima seremos capazes de ver, apreciar, valorizar a criança interior do outro. Mas, para saber reconhecer a criança interior de quem está diante de nós, é preciso usar os olhos da nossa criança interior.

É a sensibilidade que nos faz conhecer os outros profundamente, que nos impede de nos sentirmos satisfeitos, saciados, numa relação a dois, no amor, que nos torna curiosos, atentos a cada pequeno movimento nosso e dos outros.

Por exemplo, todas as frases expressas em primeira pessoa, todas as atitudes e comportamentos diretos, descobertos, claros, provêm da criança interior.

Isso vale para expressões como:

"Que maravilha!"

"Como é bom estar com você."

"Grande, cara!"

"Gosto tanto..."

"Amo você..."

"No que você está pensando?"

"É culpa minha..."

"Não sou muito bom nisso..."

"Olhe... que estrelas brilhantes!"

"Sinta... que perfume!"

Assim como as expressões corpóreas muito evidentes:

tapar os olhos;

pestanejar;

roer as unhas;

trancar os dentes;

rir à toa;

comover-se freqüentemente;

manter sempre alguma coisa na boca: chicletes, balas...;

mexer muito as mãos enquanto fala;

não ficar quieto.

É claro que estas são as frases e os gestos mais simples, mais úteis para entender quando uma determinada pessoa está expressando a sua criança interior, mas é também importante notar interesses, *hobbies*, paixões, esportes, jogos para entender onde está a criança interior e como envolvê-la.

A doçura e a ternura com que falamos, com que acariciamos a criança interior presente nos outros e com que procuramos compreender seu desejo de se expressar, devem ser escolhidas como novas maneiras de relação.

A doçura e a ternura de que estou falando estão ligadas ao coração, são sentimentos fortes, determinados, enérgicos, reais, vivos, porque derivam da confiança em si mesmo.

E em Deus.

Não provêm da submissão a alguém.

Não obrigam ninguém.

Quando o outro abrir a boca, ouviremos outros sons.

Os sons do coração.

E não teremos mais medo.

Porque teremos crescido em capacidade de introspecção, de escuta.

Porque saberemos que para cada coisa há uma razão. Talvez desconhecida para nós, misteriosa, mas estaremos certos de que existe.

E saberemos que essa razão é perfeita.

Perfeita para nós.

Porque teremos finalmente compreendido que somos dignos de existir.

Teremos compreendido que no final da vida aquilo que vai fazer diferença será o fato de termos vivido na bondade e no amor.

Teremos aprendido a olhar-nos a nós e ao outro como lugares sagrados.

Lugares nos quais crescer com consciência.

Diga-me como você olha...

Se você quiser, de fato, aprender a amar, além das belas palavras que ouve todos os dias, é preciso purificar o olhar.

Coração e olhar estão ligados entre si inevitavelmente.

Você olha conforme seu coração lhe indica, lhe ordena.

Não tem saída.

As coisas que nos rodeiam são sempre inocentes.

A realidade muda conforme nós a olhamos.

Tudo remete a você. Somente a você.

No fundo, é esta a nossa viagem neste mundo. O motivo pelo qual viemos para cá. A nossa missão.

Em meu livro *Il viaggio della vita* [A viagem da vida] digo que não é importante o que se faz, ou a quantidade das coisas feitas, mas *como* se faz. Isso vale sobretudo quando falamos de amor. Se o coração está corrompido, quebrado, impuro, também os olhos com que olharmos as coisas e as pessoas que vivem ao nosso lado não serão livres.

O corpo assume a conotação que *nós* lhe damos. Não há obscenidade num corpo, mas, se aquilo que sentimos dentro de nós for obsceno, também o corpo será vivido como tal.

7. A PRÁTICA DO AMOR DO CORAÇÃO

Bem. Agora que vocês chegaram a este ponto do livro, podemos falar da prática das carícias.

As carícias do coração que serão descritas pertencem à linguagem do amor. Por isso, pertencem a todos aqueles que querem fazer o próprio coração falar: velhos e jovens, pais e filhos, irmãos e irmãs, namorados e não namorados...

As carícias de que estou falando expressam o bem, a ternura, a doçura.

Além disso, sabemos que são sempre gratuitas.

Sem cálculos.

Sem impor condições.

E não são acessórios que podem deixar de estar presentes.

São a essência do amor.

Uma última observação: para mim, foi difícil escrever este livro. Porque venho de uma família pouco expansiva na comunicação afetiva. Assim era a cultura das antigas famílias camponesas.

As carícias do coração de que estou falando foi a vida que me ensinou, por meio das alegrias e dos sofrimentos.

A carícia da admiração silenciosa

Este ano parei muitas vezes de escrever, e tais pausas estão sendo cada vez mais longas: permaneço horas em silêncio ouvindo os rumores da natureza que me rodeia.

Admiração.

Gratidão.

O silêncio provocado pela maravilha e pela gratidão, para mim, possui uma prenhez e uma profundidade significativa e comunicativa superiores à palavra.

Quando somos tomados por uma iluminação totalmente interior, as palavras se mostram inadequadas, destoantes. Quando olhamos admirados um rosto, uma expressão, um movimento do corpo...

É de tal modo intenso, profundo e denso o que se sente naquele momento que o silêncio que o acompanha é intraduzível.

Não apto a mediações de signos de qualquer tipo.

Assim, diante do soprar do vento, diante do pôr-do-sol vermelho, do rítmico e eterno movimento das ondas, do espreguiçar-se delas na areia da praia, diante da luminosidade de um céu primaveril, de uma criança adormecida, do rosto da pessoa amada... a única coisa a fazer é permanecer em silenciosa contemplação.

A dimensão mais alta da vivência do amor.

Essencial.

Gratuita.

Mágica.

Que não necessita de cálculo, de lógica, de entendimento, de mensagens, de pausas.

A carícia do coração pelo olhar

Vocês nunca repararam que não conseguimos ver a nós mesmos?

Quando nos olhamos no espelho, na realidade, não estamos nos vendo. Podemos comparar nossa imagem refletida com o rosto, o corpo das pessoas que encontramos, que conhecemos. Construímos, assim, uma idéia de como provavelmente somos vistos pelos outros. Nossa experiência visiva direta é influenciada por aquela que os outros têm de nós. Nesse sentido, dependemos dos outros.

De como nos olham.

Se nos acolhem ou se nos rejeitam. Se nos olham com amor, admiração, gratidão, felicidade, prazer, ou com frieza, desprezo, negligência, indiferença.

Portanto, quando acariciamos de coração com o olhar, olhamos o outro de forma contemplativa, calorosa, afetuosa, alegre.

Faz com que o outro se sinta importante, único.

Belo.

Não o reduz a objeto, a mero físico.

Não o cinde, não o secciona, não o separa de sua alma.

Ele é visto de modo pleno, total.

Como pessoa.

A carícia do coração pela voz

A voz se assemelha ao olhar. Ela não é uma carícia carnal. Não toca concretamente na pessoa, como os beijos, os abraços. Tem algo de espiritual.

Ao acariciar com a voz, não penso no conteúdo das frases ditas, mas no timbre, na inflexão, na cor da própria voz.

As modulações da carícia do coração feita com a voz fazem com que o outro se sinta amado, querido, envolto em doçura, ternura, atenção.

A voz, quando acaricia de coração, cria atmosfera.

Pela voz, como pelo olhar, podemos acariciar o outro inclusive falando de trabalho, das tarefas domésticas, diárias...

A carícia feita com a voz torna o outro único.

Não exige longas conversas.

Bastam poucas frases, mas ditas de coração.

E o coração deve ser visto, sentido.

Deve sair por meio da voz.

A carícia do coração pelas mãos

Apertar, pegar de coração a mão de alguém transmite confiança, proteção, lealdade, força, calor.

Pegar alguém de coração pela mão, ou acariciá-lo, obriga a saída da própria individualidade.

Abre.

Qualifica.

Dá nome.

A carícia do coração feita com a mão dá coragem, concilia, une, partilha, garante, consagra.

Se a carícia fala do coração através do aperto de mão, nunca é fugidia ou rápida. Tem seu tempo. O tempo de fazer com que o outro sinta seu coração. Quando, porém, acariciamos a face, o rosto ou outras partes do corpo do outro, então já existe um diálogo, em que as distâncias se reduzem ao mínimo.

Acariciar de coração o outro faz com que ele se sinta desejado, valorizado, amado, contemplado. Remete às carícias maternas. Por isso, não necessariamente tais carícias devem ter uma finalidade sexual. Certamente coloca as duas pessoas uma diante da outra, sem qualquer fingimento, descobertas, não mais estranhas.

Essas carícias feitas com o coração seguem um ritmo harmônico, doce, terno. Nunca são bruscas, rápidas, nervosas ou demasiadamente longas, maçantes, irritantes.

Acompanham uma música.

Exatamente aquela do coração.

A carícia do coração pelo abraço

Abraçar de coração significa permanecer unido um ao outro por um bom tempo, docemente. Há um contato direto entre dois corpos. É um recíproco entregar-se, proteger-se, deixar correr.

O abraço do coração nos faz sentir voltando "para casa". Num lugar ideal, caloroso, acolhedor.

Remete ao abraço materno.

Incondicional.

Sempre acolhedor.

Por isso, muitas vezes, quando abraçamos, mantemos os olhos fechados. Sentimo-nos em segurança.

O abraço expressa a vontade de um cuidar do outro.

Renova a confiança, a união, a partilha, a aliança.

A carícia do coração pelo beijo

É a mais usada. Ao menos entre os casais.

Refere-se à região oral, aquela que forneceu a primeira alimentação, a primeira fonte de vida.

Entre outras coisas, o beijo, juntamente com o ato sexual, é uma carícia que entra em contato íntimo e recíproco com o outro. Não fica na superfície. Vai em profundidade. Deseja a união, o intercâmbio. É uma carícia que marca.

O beijo de coração tem seu tempo, sua duração. Nunca é apressado, rápido. Precisa deter-se, parar no outro, saboreá-lo. Uma apropriação recíproca.

Provoca alegria, vontade de viver.

Liga.

Envolve.

Une.

A carícia do coração pela relação sexual

Deixei esta carícia por último porque, para mim, representa a mais íntima das carícias do coração.

A mais sublime.

A mais totalizadora.

A mais prenhe de significado, de sentido.

Não acho que posso descrevê-la ou, menos ainda, explicá-la, porque toda interpretação seria redutiva. Empobrecedora.

É um momento único em si.

Exclusivo.

Total.

Misterioso.

Indecifrável.

A união de dois corpos através dos órgãos que têm o poder de gerar é, para mim, sagrada.

Considero bem pouca coisa o prazer físico obtido por meio da relação sexual, se pensarmos no significado profundo, complexo, que sua realização implica: o doce fundir-se, transcender-se, pertencer-se na inteireza da outra pessoa.

Da pessoa amada.

Por essas razões, pelas inumeráveis dimensões psíquicas e espirituais que a união sexual subentende, ela deve ser precedida pelos outros tipos de carícia descritos.

Se pretender ser autêntica.

Plena.

Se pretender ser uma celebração verdadeira da vida.

Um encontro verdadeiro entre duas pessoas na sua inteireza e integridade.

Não um simples desafogo entre dois corpos. Sem alma. Sem coração. Mais ou menos iguais a milhões de outros corpos.

Nós, procuradores de sentido, viajantes do espírito, não devemos nos contentar em fazer como todos os outros. Como gostaria o sistema em que vivemos. Devemos, ao contrário, ser pessoas que vivem o sexo como a última das carícias do coração. A mais sagrada.

Para chegar a ela queremos crescer, aumentar em doçura, em ternura.

Em espiritualidade.

Tornar-nos ricos em amor e fortes em espiritualidade. Somente se formos fortes espiritualmente seremos capazes das carícias de coração.

Espiritualmente fracos são os superficiais, os conformistas, aqueles que seguem os modelos propostos pela televisão e pelos meios de comunicação. Os fracos são aqueles que brincam com a vida, com o amor: que estão juntos porque todos fazem assim; que se sentem poderosos somente se têm uma relação sexual com o outro; que acariciam para seduzir; que vivem os outros somente como corpos; que procuram no outro somente suas partes negativas para enganá-lo; que exploram as fraquezas do outro...

Nós acreditamos no crescimento espiritual.

É a pedra de toque da validade de uma relação.

É o elemento com que escolhemos o parceiro.

O elemento pelo qual chegamos ao envolvimento mais completo, mais profundo com o outro, o sexual. E exatamente porque inserido nesse projeto chega sempre por último. Nunca primeiro.

Conclusão

QUE ESTE LIVRO OS AJUDE A NÃO SE ARREPENDER

Espero que agora, que vocês já estão fechando o livro, não dêem mais tanta importância às coisas materiais e não se preocupem em dar essas coisas a seus filhos ou a quem vocês estimam.

Entretanto, dêem importância ao modo de agir com as pessoas. Que é, e continuará sendo, a essência de sua passagem por este mundo.

De agora em diante, tornem-se verdadeiros "paparicadores"!

Quando encontrarem uma pessoa, seja ela quem for, procurem reconhecer sua criança interior...

Toda manhã, logo que se levantarem, desejem um dia cheio de carinhos para dar...

Ensinem também a seu companheiro, sua companheira, seus filhos a dar carinho... A todos aqueles que vocês encontrarem.

Não deixem mais que escape a alegria de olhar no rosto e no coração os seus filhos, aqueles que vocês amam, encontram... De acariciá-los de coração, de dar-lhes carinho.

Não deixem mais escapar a alegria de permanecer em contemplação diante de um pôr-do-sol, de uma aurora, do tamanho do mar, do desenrolar-se eterno de suas ondas, da majestade das montanhas, de seus cumes nevados, da inefabilidade do céu, do sol, da lua, das estrelas, do dia e da noite, diante de uma árvore, de um fio de capim, de um simples torrão... até que vocês tenham olhos.

Abertos.

Para olhar de coração.

Acariciando o mundo.

Não deixem mais escapar a alegria de ouvir o som da voz de seus filhos, das pessoas que vocês querem bem, que encontram diariamente... o fragor de suas risadas, a comoção de seu pranto.

Não deixem mais escapar a alegria de ouvir as diferentes vozes do vento, da ressaca marítima, do gorjeio dos pássaros, do rolar das pedras... até que vocês tenham ouvidos.

Abertos.

Para ouvir de coração.

Acariciando o mundo.

Não deixem mais escapar a alegria de cheirar o perfume de seus filhos e de quem lhes está próximo, de quem vocês encontram. Não deixem mais escapar a alegria de cheirar uma flor, uma planta... até que vocês tenham narinas.

Abertas.

Para cheirar de coração.

Acariciando o mundo.

Não deixem mais escapar a alegria de beijar de coração seus filhos, aqueles que vocês amam... até que vocês tenham boca e lábios.

Abertos.

Para abraçar de coração.

Acariciando o mundo.

Porque esses são os momentos que permanecerão no coração de vocês, mesmo quando já forem velhos.

Escrevi este livro para que vocês não tenham arrependimentos.

No fundo, basta pouco para viver de coração.

Para ser verdadeiramente feliz.

Um forte abraço, de coração.

SUMÁRIO

Apresentação: Por que escrevo? 7

1. A SOLIDÃO DO OCIDENTE
Nossa intimidade 9
O dom dos pobres 10
O medo 12
A intimidade do coração 13
A solidão na vida a dois 15

2. A VERDADEIRA REVOLUÇÃO
Eu gostaria... 17
Estou amargurado 18
Sentir-se juntos 19
O amor está dentro de nós 20
Minha visão personalista 21
Amar como opção 22

3. DO EU AOS OUTROS
Sair da onipotência infantil 25
A necessidade dos outros 26
Como vivemos os outros 27
Dois tipos de carícias 28
Podemos amar mais 30

4. A CRIANÇA INTERIOR

Em todos nós há uma criança que quer
receber carinho 33

As crianças nascem fortes e os carinhos
as mantêm assim 34

Adultos que não receberam carinho
quando crianças.. 35

Tornando-nos amigos da criança que mora em nós 36

Onde há carinho, não há agressividade 36

Nunca é tarde demais para dar carinho 38

Dar carinho antes 39

Estamos no mundo não para ter razão,
mas para amar 40

Não tenham medo 42

5. CARÍCIAS DO CORAÇÃO

Melhor dar carinho do que lutar............................... 43

As carícias de Deus 44

As carícias do coração transformam 46

As carícias do coração implicam a consciência
de ser único e maravilhoso.. 47

As carícias do coração são uma maneira de ser 48

As carícias do coração não são ciumentas 49

As carícias do coração não criam dependência 50

As carícias do coração são espontâneas....................... 51

6. Corporeidade e espiritualidade

Ainda estou aqui 53

A cultura que me rodeia 54

O senso do mistério 55

Medo do corpo 58

A fonte do amor 60

Para amar é preciso discernimento 62

Amar é criar 63

Não palavras, mas coração 64

A doçura, a ternura, a sensibilidade nos fazem
conhecer os outros 66

Diga-me como você olha... 69

7. A prática do amor do coração

A carícia da admiração silenciosa 72

A carícia do coração pelo olhar 73

A carícia do coração pela voz 74

A carícia do coração pelas mãos 74

A carícia do coração pelo abraço 75

A carícia do coração pelo beijo 76

A carícia do coração pela relação sexual 77

Conclusão: Que este livro os ajude a não se arrepender 81

Impresso na gráfica da
Pia Sociedade Filhas de São Paulo
Via Raposo Tavares, km 19,145
05577-300 - São Paulo, SP - Brasil - 2009